JN090494

お金の使い方で
未来を変えよう!

2

商品とお店を上手に選ぼう

監修：松葉口玲子

童心社

お金の使い方で未来が変わる!

わたしたちは毎日、さまざまなものを買って生活しています。身の回りの食べ物や服や家具や家電製品の多くは、買ってきたものですね。

ものを買うときに必要なのがお金。わたしたち消費者は、どんなふうにお金を使うか、どんな商品を買うかを選ぶことができます。お金の使い方で、自分の生活だけでなく、わたしたちの暮らす社会も変えることができるのです。

お金の上手な使い方を知って、世の中を、未来を変えていきましょう。

この巻では、実際にお店で買い物をする場面でチェックするポイントや、値段の決まり方、お店の種類や選び方について学びましょう。

この本に出てくるキャラクター

やりくりちゃん

お金のやりくりが得意な不思議な生き物。買い物の仕方やお金の使い方をみんなに教えてくれる。

ふみかちゃん

おしゃれが大好きな小学5年生。おしゃれなものを見ると、つい買いたくなってしまう。

みらいくん

あまいものが大好きな小学5年生。お菓子を買いすぎて、おこづかいは、いつもすぐになくなってしまう。

2

もくじ

1 | 商品を上手に選ぼう

商品はどうやって選べばいいの？

お店で商品を選ぶときには、さまざまなポイントがあります。
どんなポイントがあるか考えてみましょう。

いろいろな観点からチェックしよう！

商品選びのポイントはひとつではありません。
使いやすさや丈夫さ、安全性、機能、デザイン、おいしさといった商品の品質はもちろん、大きさや分量が適切か、値段は予算内か、しっかり確認します。また、手入れのしやすさや、どれだけ人や環境にやさしいかなども選ぶ基準になります。
商品を選ぶときは、こうしたたくさんの基準や観点から考えてみることが大切です。

商品を選ぶポイント

①品質や機能、安全性
②大きさ、分量
③値段
④手入れのしやすさ
⑤人や環境への配慮

比べて選ぼう

商品を選ぶときは、商品本体だけでなく、パッケージや表示情報も確認しましょう。似たような商品があるときは、ポイントごとに情報を整理して、比べて考えます。目的や予算と合わせて、自分が大事にしたいポイントが何かを考えて、商品を選ぶことが大切です。

Tシャツを比べた例

	品質	洗たくしやすさ	値段	人や環境にやさしいか
A	縫い目が弱い、生地がうすい	洗たく機が使える	390円	長持ちしないかもしれない
B	縫い目や生地がしっかりしている	洗たく機が使える	990円	長持ちしそう
C	縫い目や生地がしっかりしている	ネットに入れる	3980円	オーガニックコットン（有機農法でつくられた綿）を使っている
D	消臭・速乾機能	すぐかわく	2980円	とくになし

学校に着ていくにはどれがいいのかな。

商品のどこをチェックすればいいの？

お店で実際に商品を選ぶときに、大切なことは何でしょうか？
また、商品のどこを見ればよいのでしょうか？

目的に合っているかどうか確認する

　どんな商品でも、買うときに大切なのは、自分が何のために商品を買うのか、どう使うのかを確認しておくことです。

　たとえば、普段着を探していたのに、すてきだと思ってついおしゃれなドレスを買ってしまったら、目的のものが買えなかったことになってしまいます。目的を忘れずに、それに合っているかをチェックすることが、上手な商品選びの第一歩です。

表示やマークをチェックする

　目的を確認したら、いろいろな観点から商品をチェックしましょう。

　商品のパッケージやタグには、量や大きさ、値段、何でできているか、どこでつくられたか、使用するときの注意など、さまざまな情報が表示されています。

　商品の品質や安全性を示すマークがついていることもあります。

　商品の表示の見方を覚えて、買い物のときには必ずチェックするようにしましょう。

前回の失敗を活かして探す

失敗したら、次に活かすことが大切なんだね。

　商品を探すときのポイントは品質や安全性、機能などいろいろありますが、実際の買い物では、文房具や衣服、食料品など、商品の種類によって、チェックするところは少しずつちがってきます。

　はじめからすべての買い物を上手にすることはむずかしいかもしれませんが、以前の買い物の反省点を思い出して、次に活かしていくことが、買い物上手への近道です。

文房具を選ぶとき

実際に商品を見てみましょう。

文房具は、学校で毎日使うものです。かわいいものやかっこいいものに目が向きがちですが、お店では、使いやすさを重視して選ぶようにしましょう。学校にルールがある場合は、それを守るようにします。

すっごくかわいい消しゴムを買ったんだけど、字がきれいに消せなかったんだよね。

文房具は、実用的なのが、いちばんだクリ！

ノートの選び方

学習用ノートには、たて書きや横書き、マス目や罫線の入ったもの、無地のものなど、いろいろな種類があります。どの授業で使うかを考えて、それに合ったものを選びましょう。

罫線のはばやマス目は、自分が書く文字より少し大きいもののほうが、書きやすいです。

また、罫線やマス目が少しうすいもののほうが、書いた文字がきれいに見えます。

消しゴムの選び方

消しゴムは、文字をしっかり消せることがいちばん重要です。力を入れずに消せるものを選びましょう。また、もちやすいか、自分の筆箱にちゃんと入るかも、大事なチェックポイントです。

角がたくさんある形は細かいところも消しやすいですが、角がちぎれてしまうこともあるので、注意が必要です。

筆箱の選び方

筆箱には、マグネットなどで閉める箱型で、仕切りのあるものと、ファスナーなどで閉めるポーチ型のものがあります。

箱型の筆箱は、中に入っているものがよく見えて、とり出すのも簡単です。ポーチ型の筆箱は、筆記具をたくさん入れることができます。

筆箱を選ぶときは、中にどのくらい入れたいものがあるかを考えましょう。また、丈夫でこわれにくいものや、掃除しやすいものを選ぶことも大切です。

箱型の筆箱

ポーチ型の筆箱

筆記具をとり出しやすい。

筆記具がたくさん入る。

服やくつを選ぶとき

服やくつは、いつ、どこで、どんな場面で身につけるかを考えて、その目的に合ったものを選ぶようにしましょう。

また、試着をして、サイズを確認することが大切です。

自分がもっている服に合わせられるかどうかも大事だよね。

服の選び方

服を買うときは、形や色のほかにも、縫い目が丈夫か、ボタンやファスナーがしっかりついているかなどもチェックしましょう。

服には、サイズのほか、組成（何でできているか）や、とりあつかい方の情報なども表示されています。確認して、手入れのしやすいものを選びましょう。

服のとりあつかい表示の例

洗たくは手洗いならOK（ただし、洗たく液の温度は40℃以下）。

家庭で洗たくしてはいけない。

低温でアイロンをかけられる。中の点の数が多いほど、高温でかけられる。

試着してみよう

服は、できるだけ試着してから買うようにしましょう。

試着室では、体に合っているか、動きやすいか、着心地がよいか、脱ぎ着しやすいかなどを確かめます。

そでやすその長さを確認

手を上げてみる

しゃがんでみる

くつの選び方

合っていないくつをはいていると、足が痛くなってしまいます。くつを選ぶときは、服以上に、お店に行って、試してみることが大切です。

足は朝よりも夕方のほうがむくんで少し大きくなっているといわれます。くつは午後に買いに行くとよいでしょう。

くつ下をはいた状態で少し歩いてみる。長さだけでなく、はばもチェック。

商品のマークを調べてみよう①

\もっと/ 知りたい!!

商品には、品質や安全性などを示すマークがついているものがあります。
どんなマークがあるのか、調べてみましょう。

JIS マーク

日本産業規格（JIS）が定めた品質や性能、安全性などの基準に合格した製品についている。ノート、乾電池など。

SG マーク

製品安全協会が安全とみとめた製品についている。家具、スポーツ用品、自転車用品など。

ST マーク

おもちゃの安全性についての基準に合格した製品についている。こわれにくさ、燃えにくさ、体に有害ではないかなどを調べる。

防炎ラベル

燃えにくさなどを調べる防炎性能試験に合格した製品についている。じゅうたん、カーテンなど。

BAA マーク

自転車安全基準の約90項目の検査に合格し、安全・安心で環境にやさしい自転車についている。

TS マーク

自転車安全整備士が点検・確認した自転車につく。消費者が費用をはらって取得するマークで、事故の際の保険がつく（有効期間は1年）。

SEK マーク

抗菌や防臭など機能性をもった繊維でつくられた製品についている。医療用制服、寝具カバーなど。

G マーク

すぐれたデザインの工業製品などにあたえられるグッドデザイン賞を受賞した製品についている。

伝統マーク

経済産業大臣が指定した伝統的工芸品についている。100年以上前から続いている技術や材料を使ったものが指定される。

食料品を選ぼう

　食料品を選ぶときは、おいしさはもちろんのこと、安全性や新鮮さにも気を配るようにしましょう。

　また、保存方法や安全に食べられる期間を確認し、食べ切れる量を買うことも大切です。

大好きなパンをいっぱい買ったんだけど、期限内に食べ切れなかったんだ〜。

買いすぎると、結局むだにしちゃうから、買う分量を考えることも大切なんだクリ！

生鮮食品の選び方

　肉や魚、野菜、果物、卵などは生鮮食品と呼ばれます。これらは日にちがたつと鮮度（新鮮さの度合）が落ちるので、買ったらできるだけ早く、消費期限（安全に食べられる期限）のうちに食べることが大切です。また、お店で買うときも、なるべく新鮮なものを選ぶようにしましょう。

　野菜などには、「旬」といって、たくさんとれて味もよい時期があります。旬の時期には値段も下がり、買いやすくなります。

野菜

表面や葉にはりがあって、みずみずしいものを選ぶ。

肉

色がきれいで、ドリップという液体が出ていないものを選ぶ。

魚

表面の色や模様がはっきりして、くすんでいないものを選ぶ。

卵
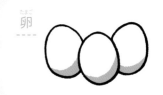
新しくて、ひびわれのないものを選ぶ。

消費期限をチェックして、それまでに使えるか考えて買うクリ。使えないときは、冷凍するといいクリ！

牛肉の表示の例

0 000000 000000

国産　牛切り落とし

個体識別番号　0000000000

保存温度 4℃以下
消費期限　00.00.00

100g 当り
200 円

本体価格（円）
1600

内容量
800g

税込（1760）円

加工者：○○食品株式会社
　　　　千葉県○○市○○町１丁目１−１

個体識別番号（右ページ参照）

量・値段

消費期限・保存方法

加工食品の選び方

加工食品は、肉や魚、野菜などの材料を加熱したり、味をつけたりした食品です。ちくわなどの練り物、ソーセージやハム、ヨーグルトなどの乳製品、缶づめやびんづめ、お菓子など、いろいろな種類があります。

加工食品には、原材料やアレルゲンなど、さまざまな情報が表示されています。よく見て選ぶようにしましょう。

ソーセージの表示の例

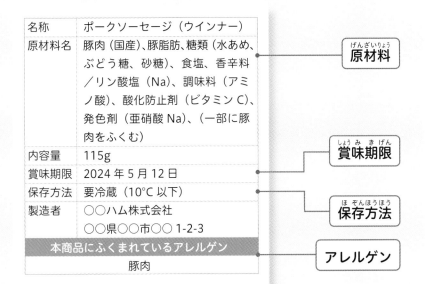

名称	ポークソーセージ（ウインナー）
原材料名	豚肉（国産）、豚脂肪、糖類（水あめ、ぶどう糖、砂糖）、食塩、香辛料／リン酸塩（Na）、調味料（アミノ酸）、酸化防止剤（ビタミンC）、発色剤（亜硝酸Na）、（一部に豚肉をふくむ）
内容量	115g
賞味期限	2024年5月12日
保存方法	要冷蔵（10℃以下）
製造者	○○ハム株式会社 ○○県○○市○○ 1-2-3
本商品にふくまれているアレルゲン	
豚肉	

原材料
賞味期限
保存方法
アレルゲン

賞味期限と消費期限

賞味期限は、おいしく食べられる期限。ソーセージやスナック菓子など、品質が低下しにくい商品についています。過ぎてもすぐ食べられなくなるわけではありません。

消費期限は、安全に食べられる期限。期限内に食べましょう。弁当やそうざいなど、早くいたみやすいものについています。

どちらも、ふくろなどを開けていない状態での期限なので、開封したら、日付に関係なく、早めに食べ切るようにしましょう。

保存方法

保存するときに置く場所の温度や湿度、直射日光に当たっても大丈夫かなどが表示されています。表示を守るようにしましょう。

正しく保存しないと、食品がいたむ場合もあります。

アレルゲン

特定の物質に触れたときに、体を守る仕組みに異常が起きて、じんましんや呼吸困難などの症状が出ることをアレルギー反応といいます。これを引き起こす可能性がある物質をアレルゲンといい、起こしやすい原材料は表示されているので、確認して買いましょう。

ちょこっとコラム 追跡できて安心な「トレーサビリティ」

牛の生産者を調べられる

国産の牛肉は、いつ、だれによって生産・加工されたのかを調べることができるようになっています。このように商品の生産や加工を追跡できる仕組みを「トレーサビリティ」といいます。

牛肉には個体識別番号が表示されていて、インターネットの牛の個体識別情報検索サービスでこの番号を入力すれば、牛肉が店に届くまでのことが追跡できます。

さまざまな分野に広がる

牛肉のトレーサビリティ制度は、BSE（牛海綿状脳症）という牛の病気が日本で確認されたことをきっかけに2003年につくられ、義務化されました。その後、米やその加工品でもトレーサビリティ制度が義務化され、その他の食品にも広がっています。

また、食品以外のさまざまな製品でもとり入れられ、安全性を高めることに役立っています。

商品のマークを調べてみよう②

とくに食品につけられているマークがあります。
どんなものがあるか調べてみましょう。

JAS マーク

日本農林規格に合格した食品についている。しょうゆ、カップめん、果実飲料などで規格が定められている。

有機 JAS マーク

化学的な肥料や農薬を使わないでつくられた農産物・加工品や、そうしたエサを与えられ自由に育った家畜の畜産物についている。

特定保健用食品マーク

健康の維持や促進に効果がみとめられ、その効果を表示することが許可された食品。消費者庁が許可している。

特別用途食品マーク

赤ちゃんの発育や、妊婦や病気の人の健康の維持・回復などに適している食品についている。粉ミルク、経口補水液など。

E マーク（地域特産品認証マーク）

食品のうち、地域の特産品で、地域の原材料を活かしてつくられたものについている。各都道府県がつけていて、それぞれデザインが異なる（上は東京都の E マーク）。

こんなところについてたんだ！

人や環境にやさしい商品ってどんなもの？

商品選びの観点には、人や環境にやさしいかということもあります。
どんなものがあてはまるのでしょうか？

外国の人とも地元の人ともつながっている

人にやさしいとはどういうことでしょうか。たとえば、フェアトレードという基準を満たした輸入品やそれを使ってつくられた商品を購入すると、開発途上国の人々の生活や自立を助け、守ることができます。

また、地元でとれた野菜を買えば地元を元気にすることにつながります。

地元産の農作物や商品が買える販売所。地元産の商品は、輸送にかかる燃料を減らせるので、環境にもやさしい。

環境への影響は、つくられるときも使ったあとも

環境にやさしい商品は、その原材料や、つくられる過程において、環境にどう配慮されているかがポイントになります。

たとえば、使用ずみの製品からリサイクルされた商品を選べば、新しい原材料を使わずにすみます。

また、使い終わったあとに、リユース（再使用）やリサイクル（再生利用）がしやすい商品を選ぶことも、資源のむだ使いをふせぎ、環境を守ることになります。

使用ずみのペットボトルからつくられる製品の例

ペットボトルからリサイクルされるペットボトルもある。

ペットボトル

卵のパック

定規

衣服

商品のマークを調べてみよう ③

人権や環境に配慮した商品や、持続可能性を考えた商品に
ついているマークを調べてみましょう。

再生紙使用マーク

R100

古紙パルプ配合率100％再生紙を使用

R65

古紙パルプ配合率65％再生紙を使用

再生紙を使用した製品についている。右側の数字は使われている古紙パルプの割合を示す。3R活動推進フォーラムが定めた表示方法にのっとって、メーカーが自主的に表示したもの。

牛乳パック再利用マーク

市民が回収した牛乳パックを原料にしてつくられた商品についている。

グリーンマーク

古紙を一定の割合以上使った製品についている。トイレットペーパーなど。

間伐材マーク

森林の健全な成長のために伐採された木材（間伐材）を一定の割合以上使用した製品についている。

エコマーク

生産から廃棄までを通して環境への負荷が少なく、環境保全に役立つとみとめられた商品についている。

FSC®マーク

適切に管理された森林からの木材や、適格だとみとめられたリサイクル資源からつくられた商品についている。

国際フェアトレード認証ラベル

開発途上国の原料や製品を適正な値段で買う公正・公平な貿易（フェアトレード）によってつくられたと認証された製品についている。

MSC「海のエコラベル」

海の生きものや環境に配慮した、持続可能な漁業でとられた水産物についている。

使い終わった商品のパッケージや容器を分別し、
リサイクルしやすくするためのマークもあります。

段ボールマーク

ダンボールは
リサイクル

その段ボールがリサイクル可能であることを示す。文字は「ダンボール」のみのものもある。

紙パックマーク

飲料、酒類用の紙パックで、アルミを使っていないものを示す。

紙マーク

紙製の容器や包装に表示が義務づけられている。

プラマーク

プラスチック製の容器や包装（右のPETボトルをのぞく）に表示が義務づけられている。

PETボトルマーク

飲料、酒類、特定の調味料用のPETボトルに表示が義務づけられている。PET（ポリエチレンテレフタラート）は、プラスチックの一種。以前は他のプラスチックも、このマークの2〜7の数字で表していたが、現在は他のプラスチックには左のプラマークが使用されている。

アルミ缶マーク

アルミニウムでできた缶であることを示す。飲料、酒類用には表示が義務づけられている。

スチール缶マーク

鉄が主原料のスチール（鋼）でできた缶であることを示す。飲料、酒類用には表示が義務づけられている。

何でできているのかわからないものもあるから、マークがあると助かるな！

わあ。
いろいろな
食パンが
あるね。

値段も
いろいろなんだね。

こっちは
プレミアム食パン
って書いてある。

170円

200円

プレミアムって高級って
ことだよね。
なんで高級なのって
高いのかな。

プレミアム

だって高くなかったら
高級じゃないじゃん！

そ、
そうなの？

高級品は材料に
いいものを使ったり、
手間ひまをかけてつくっ
たりしているんだクリ。

その分
高くなるんだクリン。

小麦

バター

塩

ちゃんと
理由があるんだね〜。

商品の値段はどうやって決まるの？

商品を選ぶときに重要なのが値段。
値段はどうやって決められているのでしょうか？

かかったお金と利益で決まる

　商品の値段は、売られるまでにかかったお金を計算して決められています。たとえば、パン屋さんが売っているあんパンの場合は、パン屋さんが、材料となる小麦粉などの値段（原材料費）と、お店の家賃や光熱費、働いている人の給料など（経費）、そしてお店のもうけ（利益）を足して、赤字にならないように値段を決めます。

値段を高くすれば、商品ひとつあたりの利益は増えるけど、高すぎると商品が売れなくなる。だから、お店は利益をどのくらいにするか、よく考えて値段を決めるんだクリ。

原材料費	+	経費	+	利益	=	値段

ここをいくらにするか考える

パン屋さんのあんパンが売られるまでにかかるお金

原材料費

小麦粉、バター、小豆、さとう、ごまなど

経費

お店の家賃、電気料金、水道料金、ガス料金、働いている人の給料、宣伝費など

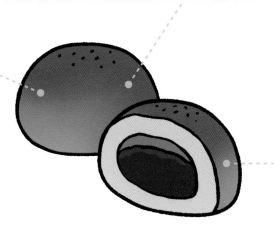

利益

資金としてたくわえ、新商品開発や、お店を増やすのにかかるお金などに使う

スーパーマーケットのあんパンが売られるまでの流れ

　自分のところでパンをつくって売っているパン屋さんとちがい、スーパーマーケットなどは、パンを仕入れて売っています。仕入れ先は、パンをつくっている会社（メーカー）や卸売業者（問屋）です。

　スーパーマーケットは、原材料費のかわりに、仕入れ代がかかります。それに経費を足し、さらに利益をいくらにするか考えて、値段を決めています。

　わたしたちが買う商品の値段には、スーパーだけでなく、メーカーの経費などもふくまれているのです。

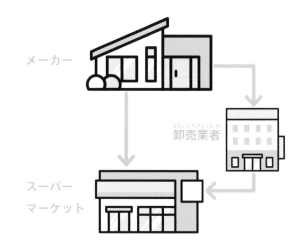

メーカー

卸売業者

スーパー
マーケット

スーパー
マーケット　　仕入れ代　＋　経費　＋　利益　＝　（わたしたちが買う）値段

メーカー　　原材料費　＋　経費　＋　利益　＝　（スーパーが買う）値段

仕入れ代には、トラックなどで商品を運ぶ会社に支払うお金などもふくまれるんだクリ。

100円のものを売っても、お店は100円もうかるわけじゃないんだ！

ちょこっとコラム　定価とオープン価格のちがい

　値段は、いつもお店が決めるとは限りません。

　「オープン価格」の場合、お店が値段を決めることができます。多くの商品はこの形式で売られています。

　メーカーがお店に「このくらいで売ってほしい」と示した価格もあり、「メーカー希望小売価格」や「参考価格」と呼ばれます。

　一方、「定価」は、メーカーが決めた値段です。定価の場合、お店は、値段を勝手に上げたり下げたりして売ることはできません。本などがこの定価の形式で売られています。

ISBN978-4-494-01869-
C8081　￥2200E

9784494018697

定価 本体2200円（税別）

本の定価の表示の例。

2 値段が変わるのはどうして？

同じお店の同じ商品でも、時期によって値段がちがうことがあります。
どうして値段が変わるのでしょうか？

値段は商品の数と欲しい人の数で決まる

商品の値段は、世の中で売られている商品の数や量（供給）と、買いたいと思っている人の数（需要）によっても変わります。

商品が少なくて買いたい人が多いと、商品の値段は上がります。反対に、商品が多くても買いたい人が少ないと、値段は下がります。

たとえば、野菜は不作だと値段が上がり、たくさんとれると値段が下がります。

サンマの値段の変化

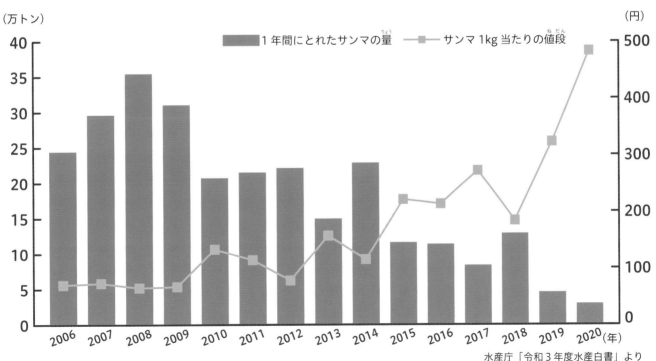

| | 1年間にとれたサンマの量 ■ | サンマ1kg当たりの値段 ■ |

水産庁「令和3年度水産白書」より

供給が多いか少ないかによって、値段が変わるんだクリ！

サンマがとれなかった年は、値段がすっごく高くなってるんだね。

19

時間がたつと、値段が下がる

発売されてから時間がたつと、値段が下がる商品もあります。

たとえばスマートフォンは、発売直後よりも半年、1年と時間がたってからのほうが安く買うことができます。新しいスマートフォンは最新の技術が使われていて、高くても欲しいという人が大勢います。でも、時間がたつと、技術が古くなったり、もっと新しい機種がほかに出たりして、欲しい人が減っていきます。そのため値段が下がるのです。

これは、需要が多いか少ないかによって、値段が変わる例なんだクリ！

発売直後

欲しい、欲しい！

1年後

もういらないかも〜

ちょこっと
コラム
セールって何だろう？

「セール」は、お店が商品の値段を普段より下げて売ることです。大安売りやバーゲンと呼ばれることもあります。

夏物の服は、秋になると売れなくなります。でも次の年の夏まで保管しておくためには倉庫代が必要になりますし、次の夏にまた売れるとは限りません。だからお店は、夏物の服を安くして売り、売れ残りをなくそうとするのです。

また、お店を新しく開くときなどにもセールが行われることがあります。値段が安いと、お客さんが集まります。お店は、最初にたくさんのお客さんにおぼえてもらうためにセールを行うのです。

原材料費が上がると、値段が上がる

商品をつくるために必要な原材料費や経費が上がると、商品の値段も上がります。

たとえば、あんパンをつくるのに必要な小豆が値上がりした場合、あんパンの値段が上がることがあります。そうしないとお店の利益が減ったり、赤字になったりするからです。

でも、値段を上げると買いたい人が減ってしまうかもしれないので、お店は値上げするときには注意深く考えます。

100円
↓
120円？

円高・円安って何だろう？

\もっと/ 知りたい！

外国のお金に対する日本のお金の価値の変化も、わたしたちが
買う商品の値段に関係します。どういうことでしょうか？

日本のお金を外国のお金と交換すると……

外国で買い物をするときは、日本のお金が使えません。だから、日本のお金をその国のお金にかえる必要があります。

アメリカのお金の単位はドルです。1ドルと交換するために日本のお金は何円必要でしょう。それはそのときによってちがいます。1ドルが100円のときもあれば、150円のときもあります。

ドルなどの外国のお金に対して、日本のお金が安いときを「円安」、高いときを「円高」といいます。

円安 ↑

1ドル＝150円

1ドル＝100円

円高 ↓

「1ドル＝150円」
のほうが円高じゃ
ないんだ〜！

「1ドルを買うのに、100円はらうか、150円はらうか」って考えると、100円で買えたほうが安いよね。ドルが安く買える（ドル安）ってことは、それだけ円の価値が高い（円高）っていうことなんだクリ。

円安だと、輸入にお金がかかる

日本は、小麦や肉、原油（石油）など、たくさんのものを外国から買って（輸入して）、国内でそれを売ったり、ものをつくる原材料にしたりしています。輸入するときも、日本のお金を外国のお金にかえて支払う必要があります。

同じ量のものを買うのでも、円高なら安くすみますが、円安だと多くのお金が必要になります。そのため円安のときは、わたしたちが商品を買うときの値段も上がることがあります。

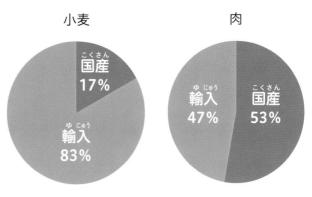

日本の食料の輸入の割合

小麦
国産 17%
輸入 83%

肉
輸入 47%
国産 53%

「日本の統計2023」より　※どちらも2021年度の割合

値段が安いものを買うのがいいの？

使えるお金には限りがあるので、上手に使いたいものです。
できるだけ安いものを買うのがいいのでしょうか？

品質と値段のバランスを考えて買う

ほかよりずっと安い商品でも、すぐにこわれてしまったり、自分の体や目的に合わなかったりしたら、結局むだづかいになってしまいます。

買い物をするときは、値段だけでなく、品質をチェックして、長い目で見たときに得かどうかも考えて、買うようにしましょう。

この前、すっごく安いＴシャツを買ったんだけど、すぐに破れちゃったよ。

それ、あるある〜。

そういうのを「安物買いの銭失い」って、いうんだクリ。

高いものには理由がある

環境に配慮した材料を使っているものや、高い技術を活かしてつくったもの、アフターサービス（商品を買ったあとのサービス）が充実しているものなどは、ほかの商品より高くなることがあります。また、売り上げの一部が困っている人たちへ寄付される商品もあります。

商品を買うことは、その商品を売ったりつくったりするお店やメーカーの考え方を応援することにつながります。自分が応援したいと思う商品は、ほかより少し高くても、無理のない範囲で買って長く使うのもひとつの選択です。

高いから売れる商品もある

　服やくつ、化粧品などの中には、ブランド品と呼ばれ、高い値段がついているものがあります。品質のよい原材料を使っている、高度な技術を使っている、サービスがとてもよい、宣伝にお金をかけている、といったことが高い理由ですが、値段を高くすることで、とてもよい商品だというイメージをつくり出している場合もあります。

　人気のあるブランド品は、高くても欲しいという人が少なくありません。ブランド品は、それにどんな価値があるのか、その価値が自分にとって必要なものか、よく考えて買うことが大切です。

\ちょこっと/ コラム

勝手に決められない公共料金

　電気・ガス・水道などの料金は、「公共料金」と呼ばれます。これらの料金は、電力会社やガス会社、水道会社が勝手に決めることができません。電気や水は生きていくために欠かせないもので、料金が上がると、人々の生活に大きな影響をあたえるからです。

　公共料金には、ほかに右のようなものがあります。その料金は国や地方公共団体（都道府県・市町村）が決めたり、会社が決めたあと国や地方公共団体に届け出たりすることになっています。

おもな公共料金

電気料金・水道料金・ガス料金

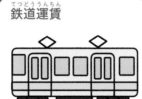
鉄道運賃

バス運賃

タクシー運賃

郵便料金

3 お店のことを知ろう

（ママ）
ふみか〜。
トイレットペーパー
切らしちゃったから
急いで買ってきてー。

はーい。

トイレットペーパーを
買ってきてって
おつかい
頼（たの）まれちゃった。

トイレットペーパー
なら、そこの
コンビニで
売ってるよ。

そういえば
駅前の
ドラッグストア
のほうが
安かったかも。

近いけどちょっと高いコンビニと
遠いけど安いドラッグストアと
どっちで買ったらいいんだろう？

お店によって
値段（ねだん）だけじゃなく
売ってる商品も
ちがうかも。

どんな
特色（とくしょく）があるか
見てみるクリ。

じゃあ、両方
行ってみよう!!

そのころ、ふみかのママ

ふみか
おそいな〜。
早くトイレに
行きたいのに…。

お店はどんな役割をしているの？

わたしたちが商品を買いにいくお店。
お店がなかったら、いったいどうなるのでしょうか？

つくる人と欲しい人をつないでいる

わたしたちが暮らしていくためには、さまざまなものが必要です。もしも世の中にお店やネットショップがなかったら、わたしたちは、お米は米農家に、服は衣料品メーカーに、本は出版社に買いにいかなければなりません。それではたいへんですね。

わたしたちの生活の中ではあたりまえの存在ですが、実はつくる人（生産者、メーカー）と欲しい人（消費者）をつなぐ、大切な役割をしてくれているのが、お店なのです。

魚ください！

お米ください。

卵ください！

お店がないと、食べ物を買うのもたいへんすぎる〜！

お店に届ける卸売業

生産者とお店の間をつなぐ人たちもいます。卸売業者（問屋）と呼ばれる人たちです。

卸売業者は、生産者やメーカーから品物を大量に仕入れて、お店に売っています。たとえば、農家がつくった野菜や果物は、青果市場で卸売業者に買われます。そして卸売業者が、お店やレストランなどに売るのです。卸売業者は、そのために、倉庫で在庫を管理したり、届けるための仕組みをもっています。

大きなチェーン店などでは、卸売業者を通さず、生産者やメーカーから直接品物を仕入れているところもあります。

生産者

卸売業者

お店
エコスーパー

消費者

お店によって どんなちがいがあるの？

お店にはコンビニや専門店、スーパーなど、いろいろな種類があります。
それぞれどんな特色があり、どうやって選べばいいのでしょうか？

コンビニ

 ### 夜おそくまで営業

コンビニ（コンビニエンスストア）は、早朝から夜おそくまで営業していることが特徴です。24時間営業しているところもたくさんあります。ほかのお店が開いていない時間でも、必要なものを買いにいくことができます。都市部ではお店の数が多いのも特徴です。

コンビニエンスは、英語で、便利っていう意味なんだクリ。

 ### 多様な商品を少しずつ

コンビニは、せまい売り場に食料品から日用品まで、さまざまな商品を売っています。お客さんはその中から、自分で商品を選んで買います。

お店は小さく、余分な品物を置いておく場所がないため、毎日数回に分けて商品が運ばれてきます。

コンパクトにまとめられたコンビニのたな。

 ### 買い物以外にたくさんの機能がある

コンビニには、銀行からお金を出し入れするATM（現金自動預け払い機）やコピー機などが備えてあり、お客さんは自分で操作できます。

また、レジでは公共料金などの支払いや、宅配便の受け付け、コンサートや映画のチケットの購入などもできます。

店員は少ないですが、効率化が進められていて、買い物以外にもさまざまな機能をになっています。

セーフティステーションのポスター。コンビニには、こうした活動に参加しているところも多く、危険な目にあったときや、具合が悪くなったときに、お店にかけこむと助けてくれる。

お店の人と話しながら買う、まちの小さなお店

専門店は、特定の商品をあつかうお店です。

商店街などには、小規模な専門店があり、肉屋（精肉店）や魚屋（鮮魚店）、八百屋（青果店）や、駄菓子屋、本屋（書店）、金物屋、電器屋などさまざまな種類があります。

コンビニとちがって、特定の商品しかあつかっていませんが、その分専門の分野の商品については、コンビニよりもたくさんの種類があります。

また、お店の人もその商品にくわしいので、相談したり、会話を楽しみながら買い物をしたいときに向いています。店主のこだわりが表れた特色のあるお店もあります。

子どもでも行ける距離にあることも多く、地域と結びついているのが特徴です。「子ども110番の家」などに登録しているお店もあります。

こうした八百屋では、よい商品をお店の人が選んで、ふくろに入れてくれることも多い。

品ぞろえの充実した大型の専門店

たくさんの製品がそろう家電専門店。

専門店には、大型のチェーン店もあります。家電専門店や、ベビー用品店、スポーツ用品店、衣料品店などの種類があり、大きな駐車場を備えた郊外のお店や、ショッピングセンター（→32ページ）に入っているものが多いのも特徴です。

商品の品ぞろえが豊富で、専門の知識をもった店員に相談できるところや、値段を安く販売しているところも多くあります。

専門店より少しあつかう商品のはばが広い大型のお店もあります。たとえば、薬のほかに美容・健康・生活用品などを売るドラッグストアや、日曜大工用品のほかに園芸用品やアウトドア用品、生活用品を売るホームセンターなどです。

食料品や日用品が中心

スーパー（スーパーマーケット）は売り場が広く、食料品を中心に、毎日の暮らしに必要なものを、安くたくさん売っているのが特徴です。

お客さんは、その中から買いたい商品を自分の手でとってかごに入れます。

たくさんの商品が並ぶスーパーの青果売り場。

安さの理由は大量販売

スーパーがものを安く売ることができるのは、大量販売にひみつがあります。

ひとつ売ると、利益が 100 円出る商品を 10 個売るのも、利益が 50 円の商品を 20 個売るのも、どちらも利益は同じ 1000 円です。

スーパーは、商品ひとつひとつの利益を減らして、その分値段を安く設定し、お客さんが買いやすくしています。そうして大量に買ってもらうことで、利益を上げているのです。

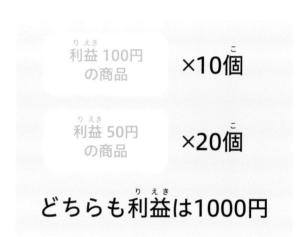

| 利益 100円 の商品 | ×10個 |
| 利益 50円 の商品 | ×20個 |

どちらも利益は1000円

\ちょこっと/
コラム

チェーン店って何だろう？

コンビニやスーパーには、同じ名前のついたお店があちこちにあります。これは、ひとつの大きな会社が、各地にお店をいくつも開いたもので、チェーン店（チェーンストア）と呼ばれます。商品の仕入れや管理、開発などを大元の会社がまとめて行うので、商品の値段を安くすることができます。

また、もとは独立していたお店などが、チェーン店のグループに入って、その名前を使って営業することもあります。このような形はフランチャイズと呼ばれます。

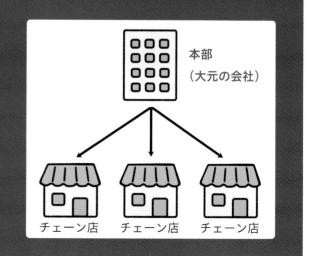

本部（大元の会社）

チェーン店　チェーン店　チェーン店

質のよい商品を広くあつかい、接客が丁寧

デパート（百貨店）は売り場がとても広く、衣服やかばん、食料品、家具、日用品、宝石など、さまざまな品物を売っています。店員がお客さんに商品の説明をするなど、丁寧な接客もデパートの大きな特徴です。

デパートの商品には高級なものも多く、おくりものなどによく利用されます。

東京のデパート。

新品ではないが安く手に入れられる

古着を売っているお店。

使わなくなった品物や、買ったけれど使わなかった品物などを買いとって、別の人に売るお店を中古品店といいます。

本（古本）やゲームソフト、衣服（古着）、楽器、自動車、家具などがあり、たいていの場合、新品よりも安く買うことができます。ただ、新品の出回っている数が少なく、人気のある品物は、値段が高くなることもあります。

安く手に入れたいときや、使う期間や回数の少ないものなどは、中古品店を利用するのもひとつの方法です。

理由があって安くなった商品が手に入る

新品でも本体やパッケージに傷やよごれがついてしまったものや、季節が変わって売れなくなってしまったもの、発売から時間がたった商品などをアウトレットといいます。これを通常より安い値段で売るお店がアウトレットストアです。

最近では、アウトレットを売るお店がたくさん集まったアウトレットモールも各地につくられています。これらの多くは、市街地からはなれた広い土地にあり、レストランや子どもの遊び場もあります。

アウトレットモール。

もっと知りたい!!

ネットショッピングなどの 通信販売について知ろう

インターネットなどを使うと、お店に足を運ばず、家で買い物ができます。
実際にお店に行く場合とは、どんなちがいがあるのでしょう。

インターネットや電話で 注文を受ける

インターネットやテレビ、カタログ、雑誌、新聞などを通じて商品を人々に伝え、注文を受けつける販売方法のことを、通信販売といいます。

インターネットや電話などで注文し、家に届けてもらいます。代金の支払いには、コンビニではらう、銀行に振り込む、クレジットカードではらう、商品が届いたときに配達員にはらうなどの方法があります。

ネットショップ、家族もたくさん使ってる!

カタログも家によく届くよ。

さまざまな通信販売

インターネットショッピング

テレビショッピング

カタログショッピング

新聞や雑誌を通じた通信販売

ネットが
お店で買うより安い理由

　お店を開くには、お店の家賃や電気代をはらったり、商品を並べて見せるためのたなを買ったりする必要があります。

　でも、ネットショップなどの通信販売は、売り場がないので、家賃やたななどにお金がかかりません。また、店員をあまりやとわなくていいので、経費も低くおさえられます。

　そのため、ふつうのお店よりも商品を安く売ることができるのです。

ネットやテレビでの
ショッピングで注意すること

　通信販売では、商品を直接見ることができません。そのため、インターネットやテレビで見て気に入った商品でも、実物を見たらイメージがちがったり、サイズがちがったりする場合もあります。

　また、商品を届けてもらうための料金（送料）がかかることもあります。

　気軽に購入しがちですが、商品や代金についての説明をよく読み、調べて買うようにしましょう。

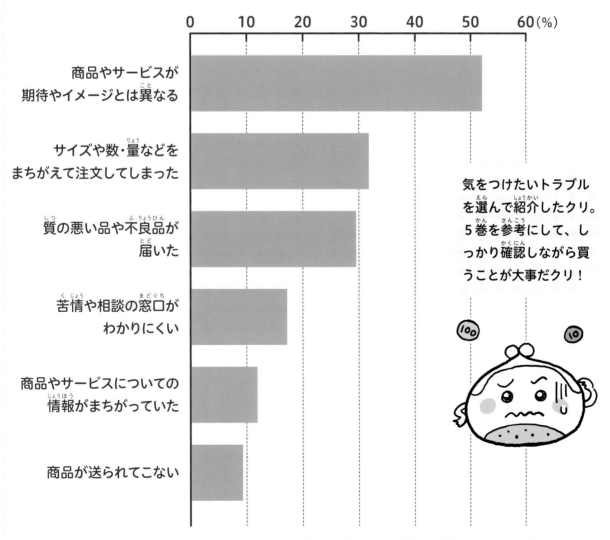

インターネットで予約や買い物をしたときに実際に経験したこと

気をつけたいトラブルを選んで紹介したクリ。5巻を参考にして、しっかり確認しながら買うことが大事だクリ！

消費者庁「令和4年度消費者意識基本調査」より回答項目の一部を抜粋

お店が集まる便利なところって？

お店がたくさん集まる、ショッピングセンターと商店街。
どんなちがいがあるのでしょうか？

計画的につくられたショッピングセンター

　ショッピングセンターは、計画的につくられた商業施設です。多くはまちの中心部からはなれた広い土地にあり、大きな建物の中にたくさんのお店が入っています。遠くからもお客さんを集めるために、広い駐車場もつくられています。

　ショッピングセンターに入っているお店は、チェーン店が多く、衣服や日用品、本、自転車など、ここに来れば必要なものがほとんど買えるようになっています。

　また、レストランや映画館、ゲームセンターなどが入っていることも多く、家族みんなで楽しめる場所になっています。

ショッピングセンターって、迷子になっちゃいそうなくらい広いよね。

巨大な建物の中に、たくさんのお店が並ぶショッピングセンター。

アーケードになっている商店街。

 # 小さなお店が集まってできた商店街

商店街の多くは、駅の近くなどの通りの両側にあります。人が大勢通るところにお店が自然に集まり、商店街ができていったからです。ショッピングセンターに比べて、歴史の古いものが多いのも特徴です。

小さな専門店が集まっていて、中にはチェーン店もありますが、地元に根づいた商店も多く、商店街ごとに特色があるのがショッピングセンターとのちがいです。

通りを歩く人が雨にぬれないように、アーケード（屋根）をつくっているところもあります。商店街を盛り上げようとする動きも広がっています。

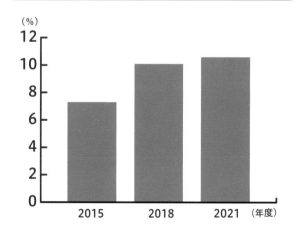

商店街のお店のうちチェーン店の割合の変化

商店街の中にチェーン店は少しずつ増えているが、全体の1割ほど。

中小企業庁「令和3年度商店街実態調査報告書」より

調べよう
考えよう

買い物をしたくなる商店街にするには?

商店街には、お店の人が店をやめてしまい、シャッターをおろしたままのところもあります。あなたのまちに、そのようなお店はあるでしょうか？　調べてみましょう。また、あなたが買い物をしたくなる商店街にするにはどうすればよいか、考えてみましょう。

シャッターが閉まったままのお店が並んでいる商店街。

もっと知りたい!!

商店街の人に話を聞いてみよう

商店街の人たちは、どのようなくふうをしているのでしょうか？
東京の谷中銀座商店街の福島さんにお話を聞いてみましょう。

地元の人たちの生活を支える商店街

———谷中銀座商店街はどんなところですか？

福島：170メートルほどの通りに、個人経営のお店を中心に約60店が集まった、小さな商店街です。

　ここは駅（東京都の日暮里駅）に近く、まわりに古いお寺もたくさんあって、もともと人通りの多いところでした。およそ80年前、戦争で東京は空襲にあい、このあたりも焼け野原になってしまったそうです。戦争が終わったあと、みんながこの通りに集まってきて、小屋を建ててお店をつくったのがこの商店街のはじまりです。

　それから、みんなが協力して道を直したり、街路灯をつけたりして、商店街ができていったと聞いています。

———お客さんはどのような人が多いですか？

福島：やはり、地元に住んでいらっしゃる方が多いですね。わたしたちは、地元の人たちの生活の中にある商店街、地域密着型の商店街であることを大切にしているので、とてもうれしいと思っています。

お話を聞いた人

谷中銀座商店街振興組合 理事長
福島正行さん

谷中銀座商店街で、貝類・川魚類を売る福島商店を経営。商店街の理事長として、魅力ある商店街づくりを目指している。

谷中銀座商店街の入り口。ここから続く細い道にお店が並んでいる。

谷中銀座商店街には、菓子、陶器（焼き物）、花のほか、肉、青果、本など、さまざまな専門店が集まっている。

地元のお客さんに来てもらうためのくふう

―――どんな種類のお店がありますか？

福島：八百屋や肉屋、魚屋、酒屋、惣菜屋などの食料品のお店や、書籍や生活雑貨のお店、お菓子屋や趣味の店、ファッション・美容系のお店もありますし、不動産屋などのサービス系、それから飲食店もいくつもあります。

―――地元の人たちに来てもらうために、これまでどのようなくふうをしてきましたか？

福島：周辺に新しい駅ができたりして、そのたびにこの商店街も影響を受けてきました。そういう変化があっても、ぜひお客様に来ていただきたいと思い、1割引セールやタイムセールなど、いろいろなくふうをしてきました。

　近くに大きなスーパーマーケットが開店したときには、お客様がみんなそちらに行ってしまうのではないかと危機感をもちました。それで、台東区、文京区、荒川区、北区の商店街で協力してスーパーマーケットの人たちと話し合い、セールは週1回にしてほしいなど約束をしてもらいました。このスーパーマーケットは、今もそれを守ってくれています。これはとてもありがたいことだなと思っています。

谷中銀座商店街

東京都

谷中銀座商店街の公式キャラクターの
ねこの「せんちゃん」。スタンプシール
になっている。

商店街のお店には、木製
の丸い看板が下がってい
る。これは貝をあつかう
福島商店。

有効期限

レトロな雰囲気の商店街を楽しんでもらう

——この商店街は、昔なつかしい雰囲気があり
ますね。

福島：1981年に、近代的な商店街にしようとし
て、電気の看板をつくったり、通りをブロックで
舗装したりしたんです。でも、電気の看板は時間
がたつと、かえってさびしい感じになってしまい
ました。

それで、1999年にリニューアルをして、「ひ
ぐらしの里　谷中ぎんざ」というコンセプトを決
めました。東京でも谷中周辺は古い建物が多く、
昔から多くの芸術家が住んでいました。だから、
昔なつかしい感じ、つまりレトロ感のあるまちの
雰囲気をとりもどそうということで、木製の看板
などをとり入れたんです。

ブロックで舗装してデコボコになっていた通り
も、高齢者の方が手押し車で歩きやすいように平
らなものにしました。

——木製の看板、すてきですね。

福島：東京藝術大学の先生や学生さんが協力して
くれて、それぞれの店とアイディアを出しながら、
どんな店かがわかる小さな看板をつくりました。

たとえば、花屋さんだったらお花、鶏肉屋さんだ
ったらニワトリの絵という感じですね。

大きな看板だと見上げないといけませんが、店
先の小さな看板なら、歩きながら見ることができ
て、お客様にわかりやすいと思ったんです。

観光で来るお客様には、昔なつかしい商店街の
形、「東京下町レトロ」の雰囲気を楽しんで、よ
い思い出をつくってもらいたいと思っているんで
す。最近は外国からの観光客もいらっしゃいます。

——地元の方にも、観光客にも楽しんでもらえ
ているのですね。

福島：近くに住んではいないけれど、週末に来て
くださったり、通勤・通学の帰りに寄ってくださ
るお客様もいます。

その方たちにももっと来ていただきたくて、「せ
んちゃんスタンプ100」というのをやっています。

せんちゃんは、この谷中銀座商店街の公式キャ
ラクターです。商店街で買い物をしていただくと、
スタンプシールをもらえて、集めると、商品券と
交換したり、福引ができたりするんです。

商店街の文化を守っていく

——折々にイベントもやっているそうですね。

福島：はい。たとえば、1月には七福神巡り＆商店街巡り、8月には夏祭りをやります。

　夏祭りは「谷中ひゃっこい祭り」といって、大きな氷の柱をずらっと並べて、そのまわりで盆踊りをおどるんです。その盆踊りの曲は地元の方に作詞・作曲してもらって、振り付けは自分たちで考えたんですよ。

——自分たちでやるなんてすごいですね。

福島：イベントは企画から実行まで自分たちで全部やることにしているんです。集まってくれたお客様に、商店街の人間が顔を見せて、いっしょに楽しむことがいちばん大事だなと考えたからです。

　イベントをやるときには、コンセプトをしっかり意識するようにしています。たとえば、谷中ひゃっこい祭りのコンセプトは、「下町の涼」。お客様に、下町の雰囲気の中ですずしさを味わってもらおうと、みんなでアイディアを出し合いました。

谷中ひゃっこい祭りで並べられた氷の柱。すずしさを求めて、たくさんの人が集まった。

——商店街のよさ、魅力は何だと思いますか？

福島：商店街は専門店の集まりです。それぞれの品物についてのプロがやっているお店なので、品質については責任と自信をもっています。だから、安心して買い物ができると思いますし、わからないことがあったら、気軽に聞いてほしいですね。

　また、商店街にはいつでも人がいるという安心感もあります。店員とお客様だけじゃなく、お客様どうしでも話がしやすいようですよ。買い物をしなくても、ぶらぶら歩いてお店をのぞくだけでもいいんです。

——商店街は、人がつくっているんですね。

福島：お店どうしが力を合わせて、地域の活性化や文化を守ることに取り組む、という商店街の文化を、わたしたちはこれからも守っていきたいと考えています。

　みなさんも、近くに商店街があったら、ぜひ足を運んでみてください。

七福神巡りでは、もちつき大会や福引大会などのイベントが行われる。

さくいん

監修 松葉口 玲子
まつばぐち れいこ

横浜国立大学教育学部教授。専門は消費者教育、環境教育、ESD（持続可能な開発のための教育）。持続可能な社会の構築に向けた消費者教育やESD、環境教育の研究に取り組む。著書に『持続可能な社会のための消費者教育―環境・消費・ジェンダー』（近代文藝社）、『SDGs時代の教育』（学文社／共著）、監修書に『地球ときみをつなぐ SDGsのお話』『SDGsおはなし絵本 やさしくわかる17の目標』（Gakken）など多数ある。

表紙・本文イラスト ：ふわ こういちろう
説明イラスト ：伊澤栞奈（303BOOKS）
装丁・本文デザイン ：倉科明敏（T.デザイン室）
編集制作 ：常松心平、飯沼基子、古川貴恵（303BOOKS）
撮影 ：土屋貴章（303BOOKS）
校正 ：鷗来堂
取材協力 ：谷中銀座商店街振興組合

画像提供：MSCジャパン／牛乳パック再利用マーク普及促進協議会／古紙再生促進センター／自転車協会／消費者庁／食品容器環境美化協会／3R活動推進フォーラム／製品安全協会／繊維評価技術協議会／全国牛乳容器環境協議会／全国森林組合連合会／段ボールリサイクル協議会／伝統的工芸品産業振興協会／東京都／日本環境協会／日本玩具協会／日本規格協会／日本交通管理技術協会／日本森林管理協議会（FSCジャパン）／日本デザイン振興会／日本フランチャイズチェーン協会／日本防炎協会／農林水産省／PIXTA／フェアトレード・ラベル・ジャパン／プラスチック容器包装リサイクル推進協議会

お金の使い方で未来を変えよう！
❷ 商品とお店を上手に選ぼう

2024年3月22日　　第1刷発行

発行所　　　株式会社童心社
　　　　　　〒112-0011　東京都文京区千石4-6-6
　　　　　　電話03-5976-4181（代表）
　　　　　　　　　03-5976-4402（編集）
印刷　　　　中央精版印刷株式会社
製本　　　　株式会社難波製本

©DOSHINSHA PUBLISHING CO., LTD 2024　　ISBN978-4-494-01883-3
Printed in Japan　NDC 365　39P　30.3×21.6cm　Published by DOSHINSHA　https://www.doshinsha.co.jp/

本書の複写、スキャン、デジタル化等の無断複製は著作権法上での例外を除き禁じられています。本書を代行業者等の第三者に依頼しスキャンやデジタル化することは、たとえ個人や家庭内の利用であっても、著作権法上認められていません。